# OQUEDADES

## José María de Diego

Prólogo de JOSÉ LUIS RODRÍGUEZ OJEDA

**Primera edición:** junio de 2024

© José María de Diego

**Diseño de cubierta:** Germán Repetto Jiménez

**ISBN:** 978-84-128804-1-0

**Depósito Legal:** SE 1688-2024

**Impresión:** Ulzama Digital
Impreso en España / *Printed in Spain*

# *PRÓLOGO*

Oquedades: los vacíos del alma que el arte busca llenar. Rendijas por las que bajan los versos de José María de Diego para darnos a conocer, más bien a sentir, la luz que en lo más profundo de nosotros se esconde. Desde esa luz volveremos, después de la lectura de este poemario, si no más iluminados, sí más emocionados. La poesía es eso: emoción; pero también conocimiento, conocimiento individual en soledad y silencio, pues nos hace pensar y preguntarnos, aunque sigamos sin respuesta. De ahí que los versos finales del poema "La palabra" nos digan:

*El camino de la palabra*

*desde su alumbramiento*

*hasta la arena de la playa*

*es tormentoso y extenso.*

Es lo que hace el autor de Oquedades: despertar nuestras emociones con sus metáforas, comparaciones, imágenes y referencias a distintos personajes; llevarnos a sentir de nuevo sensaciones que teníamos casi olvidadas. En parte, también hace que renovemos nuestro ideario sentimental.

Porque el eje temático que atraviesa Oquedades es el amor, el amor con todos sus matices y variedades: ilusión, amor correspondido, deseo, pasión, rechazo, ausencia, dolor...; hasta la relación lésbica, amor igualmente. Todo, en suma, supone un canto a la belleza o a su anhelo vital.

Así, desde la primera parte "En cuando las nubes nos hablan de amor", se apunta claramente la temática amorosa al nombrar a Pedro Salinas, poeta de la Generación del 27, y autor del magnífico poemario, precisamente, sobre el amor: La voz a ti debida.

En el siguiente apartado, "En la acacia plateada", el propio título nos introduce, con cierta veta surrealista, en una realidad difícilmente visible a la mirada cotidiana, por lo que tenemos que entrar con los ojos muy abiertos, y sobre todo el corazón para llegar a la emoción que esconden esas oquedades. Por ello, aquí aparecen ángeles, buenos y malos; hasta bellos, belleza que se atribuye al propio

Luzbel. Esta perspectiva surrealista nos recuerda, desde el título del poema "Sobre los ángeles", a Rafael Alberti, otro poeta de la Generación del 27 que abundó con gran calidad en algunos de sus libros en dicho enfoque surrealista.

En "Aris" sigue presente el amor, con su otra cara: el desamor, con la irremediable separación (por algo aparece Eolo, dios de las tempestades; o Ulises, angustiado por su vuelta a Ítaca, al amor).

En "Las hadas del Guadalquivir (en construcción)" el autor expresa, aunque no de forma explícita, la nostalgia por su infancia y juventud por un espacio: Sanlúcar de Barrameda, aunque no se nombre. Y lo hace con un lenguaje más directo y coloquial. Valga de ejemplo la expresión «¡Ay, los tangos de Pepico!», que funciona como un eco de canción popular que, tal vez, subraya esa añoranza por el tiempo pasado. Hasta nos habla en el poema "La casida del infierno", con elementos lorquianos, del baile por bulerías de una misteriosa, bella y sensual mujer.

Los tres poemas de "En el prólogo y presentación de la biografía artística de la sanluqueña Victoria Vallejo, de Servando Repetto López" podrían parecer, a priori, que no están en consonancia con los demás apartados. Pero sí mantienen el tono y la forma, aunque suponga un paréntesis en el desarrollo del tema amoroso; pues amor es también hablar con admiración de una artista de su querida Sanlúcar.

Por último, en "En algunos cajones y carpetas de mi escritorio" sigue el amor como motivo central del poemario, incluso esta vez aparece, a partir de "El silencio de ella" (ocho poemas en prosa poética, a veces combinada con algunos versos –solo en algún poema-) el amor lésbico, amor también, que es lo sustantivo; amor y belleza, como dijimos al principio de este prólogo.

En definitiva, estamos ante un libro de tema amoroso, tan tratado desde que existe la literatura. Sin embargo, el tratamiento que da José María de Diego a dicha temática es original y variado. Aparte de que, como ya se comentó, están todos los matices del amor, múltiples experiencias amorosas vividas o imaginadas por el personaje poético, los versos de Oquedades hacen partícipe de sus emociones al lector o lectora. Y lo hace no solo con los recursos formales más apropiados y que destacan por su originalidad, sino con referencias en el contenido a personajes alejados en el tiempo, muy del pasado; incluso ahistóricos. Son numerosas dichas referencias a personajes de la Biblia, de la Mitología, de La Ilíada y Odisea... Todos estos personajes nos acompañan en la lectura emocionada de Oquedades, personajes que se convierten en personas para ayudarnos a desentrañar los huecos del alma, la incomprensible emoción del amor.

Pero no comprendamos. Leamos y sintamos.

**José Luis Rodríguez Ojeda**

## NOTA DEL AUTOR

Es mi propósito con el presente poemario el recoger en una sola obra una colección de poesías dispersas en los distintos espacios de mi acontecer. Unas, están desperdigadas en obras por mí escritas en prosa (narraciones cortas, novelas y prólogos) y otras, están diseminadas por distintas carpetas y cajones de mi escritorio.

Y no me gusta esta dispersión. Pienso en esas colecciones de cromos, de vitolas, de monedas, de sellos, etc. que se contienen algo desordenadas en viejas cajas de zapatos. Toda colección de este tipo parece que nos exige un álbum que la contenga. Tal vez esto sea la manifestación de una estética mía.

No hay, por tanto, en la presente compilación, fuera de esta necesidad de orden, un tema o latencia o preocupación unitarios que la presida, aunque ya saben mis lectores los temas recurrentes en mis creaciones: en general, la contemplación de la contradicción, sobre todo la del amor y desamor frente a la libertad, o también la de la palabra frente a lo innombrable.

No sé por qué he llamado "Oquedades" a este libro; tal palabra salió una mañana de dentro de mí con la intención de perpetuarse, y ello quizá porque también siento ganas de averiguar la esencia del fluido, si es que lo hay, que rellena mis vacíos, mis oquedades, mis simas oscuras.

He procurado mantener el orden cronológico de su creación en la exposición de estos poemas.

*"Abrir un libro es buscar*

*'sésamos' o 'abracadabras'*

*y es encontrar maravillas*

*en un mundo de palabras."*

Fragmento de un poema construido por los niños escolares sanluqueños José Manuel Blanco y José Luis Martín, con ocasión del Día del Libro de 2024.

## Capítulo 1

*A todos aquellos que luchan*

*por ver el amanecer*

*sobre sus zonas oscuras.*

**EN "CUANDO LAS NUBES NOS HABLAN DE AMOR"**

\* \* \* \* \*

Con las sombras de la luna
derramas lágrimas de rencor
que hechizas en gotas de rocío
para atraer a un vacío destino.

\* \* \* \* \*

Fragancias de melocotones maduros
bajan desde la curva del río,
desde allí donde se oscurecen
los recónditos pliegues del alma,
allí donde se estremece la noche
con el aleteo de los pájaros del mal,
donde el incierto se torna expectante.

\* \* \* \* \*

\* \* \* \* \*

Me propones la furia, la tormenta,
para trapichear con mi terneza
tratando de evitar graves peligros
olvidando que soy una golondrina
que me doctoré en saber migrar
hacia universos más templados.

\* \* \* \* \*

De varias cosas ayer hablábamos
y mis ojos iban buscando los tuyos;
y tu mirada buscaba la mía
mientras seguía discurriendo la charla,
porque la voz, como los ojos de Aquella
que te hace feliz o triste, delata.

\* \* \* \* \*

## EN IMITACIÓN DE PEDRO SALINAS

No importa que no te tenga,
no importa que no te vea.

. . . . . .

Lo que ahora te pido
es más, mucho más,
que beso o mirada:
es que estés más cerca
de mí mismo, dentro.

\* \* \* \* \*

**EN "LA ACACIA PLATEADA"**

## MANZANAS

Pero algo susurró en el suelo,
y alguien me llamó por mi nombre:
era una muchacha resplandeciente
con flores de manzano en su cabello
que me llamó por mi nombre y corrió
y se desvaneció iluminando el aire.
Aunque ya estoy viejo de vagar
por tierras bajas y tierras montañosas,
descubriré dónde se ha ido,
y besaré sus labios y tomaré sus manos;
y pasearemos por la alta hierba jaspeada,
y cogeré hasta el fin de los tiempos
las plateadas manzanas de la luna,
las doradas manzanas del sol.


\* \* \* \* \*

## SOBRE LOS ÁNGELES

### I

Los bellos turbadores,

los de ropones blancos,

los de alas blancas,

los de flores blancas,

los de lirios de los valles

en sus claros cabellos,

los de manos blancas

como las nieves,

los carentes de espada,

los de fuego en sus ojos,

los que dejan escapar de su sonrisa

espumas blancas del mar,

los de cara infantil.

Son los ángeles rebeldes,

dicen las gentes que huyeron,

que eran bandidos comunes

que escaparon del bien.

\* \* \* \* \*

## II

Los de silencioso aparecer
desde los sótanos de la consciencia
en las noches cargadas de luna.
Su sombra se dibuja a veces
sobre las iluminadas praderas
de nuestras incertidumbres.
Son también ángeles incitadores,
dicen las gentes que son lechuzas
aprendiendo su silencioso volar.

\* \* \* \* \*

## III

Ellos traen bajo sus brazos
tablillas con blanca cera
y punzones en sus manos.
Graban en ellas primorosamente
nuestros fracasos y deseos,
para que no se avienten.
Son también ángeles amanuenses,
dicen las gentes que son psiquiatras
y que comparten nuestros secretos.

\* \* \* \* \*

# IV

Solo es posible vivir la vida
a partir de que te la rocen
con las plumas de sus alas.
No ignoran que la seducción
es también maldición
que te acompaña de por vida.
Hacen de los vergeles desiertos
y cosechan en los yermos,
no tiemblan al realizar tus sueños.
Son también ángeles artistas,
dicen las gentes que son soñadores
que creen venir de la región de las Musas.

\* \* \* \* \*

## V


Los blancos alados no hablan,

se expresan con sus manos,

no quieren romper el silencio

para que oigamos el dulce

deslizarse de los astros

por el total universo

Nunca nos mienten,

otra cosa es que los entendamos,

sus gestos y ademanes

resultan primarios, antiguos,

las gentes dicen que no son ángeles,

que son niños sordomudos

que andan por ahí, sueltos,

que hacen novillos en sus colegios.


* * * * *

# VI

Los ángeles cierran sus ojos
cuando nace un beso,
cuando se unen unos labios
y se suspira hondo.
Saben que es un encuentro,
un camino de esperanza,
un olvidarse de ellos,
y sonríen resignados.
Las gentes que no creen en ellos
dicen que son bromas
que gasta la sensualidad,
pura química de las pasiones.

\* \* \* \* \*

# VII

Bizarros espíritus
escaparon del cruel paraíso,
comieron de todos sus frutos
y se marcharon volando
como águilas marinas
para atravesar los mares
en busca de playas de ensueño
donde no hubiera leyes
y se pudiera pecar libremente,
eran los principados y las potestades,
pero las gentes, incrédulas,
dijeron que eran mercenarios,
luchadores sin hogar ni patria
que no tenían nada que perder.

\* \* \* \* \*

## VIII

Los ángeles nos visten
de gasas y tules tejidos
con rayos de los astros.
Sin mirarnos el sexo
nos ciñen a las sienes
coronas de arrayán florido.
Cosas de espíritus y brujas,
dicen las gentes malevolentes
mientras preparan las hogueras.

\* \* \* \* \*

## IX

Con la complicidad ingenua
de la algodonosa niebla,
presente siempre en la bahía,
dijo el clero y el orden
que los ángeles del bien
habían vencido a los rebeldes
y con los diezmos y regalías
alzaron un San Miguel de hambre
y de sangres ajenas.
Pero la gente, en privado atea,
supo siempre la verdad,
ni siquiera en la mística
los blancos albatros y alcatraces
ganan por su bondad
sino por su tamaño y fuerza.


\* \* \* \* \*

# X

Claro que hay ángeles
con espadas de fuego
que brillan en el día
y centellean en la noche.
Son bastante crueles
en nuestra doma
y son descerebrados,
ellos ejecutan órdenes
atizados por el sistema
y jaleados por el poder,
pero la gente se empeña
en que son estrellas fugaces,
meteoritos intrusos,
piedras que arden
cuando respiran nuestro aire.

\* \* \* \* \*

# XI

Estos ángeles modernos
son y están como inconclusos,
son esbeltos y fusiformes,
asexuados,
hieráticos e inexpresivos,
de mirada lejana y vacía
celan bien sus sentimientos,
son profesionales de la guarda,
fetiches inquietantes,
nos señalan lo que podemos ser.
¡Bah!, ¡bah!, ¡paparruchas!,
las gentes descreídas dicen
que son maniquís escapados
del desván de algún modisto de moda.

\* \* \* \* \*

## XII

Dicen aquellos mayores
que además son mayores en saber
que a los ángeles se les llama
en ayuda desde el atardecer
y de espaldas al Poniente.
Ellos llegan a las horas del ying,
antes del arrebato del Ángelus
en las campanas del pueblo,
antes de que nuestro día
esté completamente hecho.
Majaderías orientales
dicen los que lo saben todo,
Platón preparó las escobas
y la Ilustración borró en ellos
todas las huellas de lo humano.

\* \* \* \* \*

## XIII

No todos somos Aladinos,
bellos efebos asexuados,
no todos tenemos anillos
con genios incrustados
en sus verdes esmeraldas.
No todos tenemos sucias
y viejas lámparas mágicas
con genios dormidos dentro,
no todos sabemos perseguir
con gracia nuestros deseos.
La gente dice que son cuentos,
la hermosa hija del sultán
y la felicidad de la pareja
nos la proveen la docilidad
en el sistema que nos hemos dado.

\* \* \* \* \*

## y XIV

En sus blancas apariciones
nos rocían la cabeza y el pecho
con polvo estelar a ellos
y con ondas de Venus a nosotras.
No los sabemos escuchar
y a veces es demasiado tarde
y entonces lloran como niños
y solicitan de sus altas instancias
el dejar de ser espíritus de la guarda.
Las gentes que ignoran la dignidad
y sólo creen en clave de ciencia
dicen que se trata de sanitarios.

\* \* \* \* \*

**Oquedades**　　　　*José María de Diego*

**EN "ARIS"**

## MALDICIONES

Yo te enseñaré a escribir
palabras en los árboles
sin herir su corteza.
*¿De qué servirá?*, me preguntas.

Para que alguien las lea
cuando no te encuentre,
cuando prepares el heno
para el frío invierno, cuando
guíes a las abejas hacia las
flores del altiplano.

Si no las sabe leer,
o no las entiende,
verá que sus días se acortan
y se llenan de oscuridad,
una antigua maldición
caerá sobre su vida.

\* \* \* \* \*

# ¡DESÁTAME!

*¡Desátame de ti!*, te dije,
y me hiciste caso.
Maldigo la hora en que te hablé
y aquella en que me escuchaste.

Ahora, estoy en el camino de vuelta,
ahora podré reencontrarme
con mi verdad y la belleza.

*¡No llores!*, te dije,
y secaste tus lágrimas azules
con tu inmaculado espíritu.

*¡Volveré, lo intuyo!*, te dije,
volveré a ti si entonces estás,
cuando descubra lo ya descubierto,
el ver que eres parte de mi pasado.

\* \* \* \* \*

## AIRES

Por sobre el batir de sus alas
para él
el cielo es un panel blanco,
para él
no existe una sola imagen.

¡Me gustaría ser un hipogrifo!
Poder hacer sin soñar,
con las garras en las riendas
poder tirar del carro del sol
hasta su ocaso,
hasta un destino.

No deseo encontrar nada
que no sea lo que quiero,
pero abro bien las ventanas
de mi refugio
a los aires que envía Eolo.

\* \* \* \* \*

## ESPERAS

Te perdí cuando decidiste
nadar contra corriente,
subir el río verde
hacia sus fuentes.

Éramos dos fuertes águilas
planeando sobre la vida
desde que el sol naciente
pintaba de azul el mar.

He esperado mucho
para poder recuperarte
cuidando mis alas
en el silencio de las playas.

Ahora,
tú me hablarás de rocas
y yo te diré de aguas,
y veremos pasar el tiempo.

\* \* \* \* \*

## KORÉ

Kóre de ojos transparentes,
como el tul de la libertad
que deja ver las carencias
para poder conseguir la paz.

Korítsi de largos brazos,
como sierpes de Asclepio
que portan las hierbas
para enroscar la voluntad.

Kóre de tiernos senos,
como crías de petirrojo
que alzan sus rosados picos
para adentrarse en una boca.

Korítsi de regazo acogedor,
como el cálido nido
hecho con piel de marta
para evadirse del mundo.

Kóre de fuertes muslos,
como mármoles del Pentélico.
que traban carne y espíritu
para soportar la infinitud.

Korítsi de fértiles tierras,
como las del valle del Eurotas
que fijan las raíces
para empujar a crecer.


\* \* \* \* \*

## DÍAS Y NOCHES

Días y noches buscando
palabras para el amor
y también para la aflicción,
palabras que no existen
y que quisiera decíroslas.

Broten ellas de la tierra,
o lluevan desde el cielo,
me traspasan y me horadan
y salen de mí en silencios
bañados de pasión y esencia.

¡Amor!, ¡Dolor!, sin nombraros
no puedo explicaros,
somos criaturas enclaustradas
que sólo podemos darnos la mano
para aliviarnos allende los lindes.

\* \* \* \* \*

## EDITH

Preguntas por mi nombre
y ya sólo soy estatua,
era feliz en el pecado
y por mirar atrás
la palabra se hizo sal.
Me llamo Edith,
y renuncio a la memoria
que quiso retener
una última imagen
de mi tragedia.
¡No puedes pedirme
que te siga!,
como hizo Lot,
porque sabes
que no puedo andar.
¡Acógeme
en tus fuertes brazos!,
y dispón de este despojo
para cualquier rincón
de nuestra casa.

\* \* \* \* \*

## CONFINADO

Casi todo mi yo desterrado,

confinado en la pequeña sala

de un cansado corazón,

¡que late una ausente presencia!

por la sentencia del amor

\* \* \* \* \*

## CONFESIONES

¡Qué extravagancia!

Es hora de confesarte

lo que dicen mis demonios

en las noches de vendaval,

en las tormentas.

\* \* \* \* \*

## DESESPERANZA

Llegará la esperada estación

de todo amor,

¡estoy seguro!, ¡tienes que creer!,

aunque haya momentos

con el vuelo otoñal de las hojas,

con su ardor,

en que sientas que no vendrá.

\* \* \* \* \*

## CUÁNTO

¡Cuánto me preguntaba,

como creador de mis anhelos,

por el acabamiento de la obra,

por un mundo de caducidades

que ahogara mi pasión!

\* \* \* \* \*

## IMÁGENES INNOMBRABLES

*¡No, esta vez no!,*

me grito una y otra vez.


La serenidad de la noche

trata de acallar mis silencios

que aúllan y me atormentan,

imágenes que no se pueden decir

bajo el castigo de perderte.


\* \* \* \* \*

# RESENTIMIENTOS

Qué fácil es para las sierpes del deseo
el navegar en el pleamar nocturno
por el estuario del río de las emociones
con las sirenas cargadas de sogas
y atadas a las rocas de los batientes,

¡pobre Ulises!,

¿adónde la atracción de los cantos
de esas mujeres-pez esclavizadas?,
¿adónde la belleza de una armonía
apoyada en las distintas escalas tonales
de un desconsuelo sostenido mayor?

¡pobres navegantes!,

¿qué eclipses les impiden ver
la difusa luz del halo del resentimiento?

\* \* \* \* \*

# EL AMANECER DE NUESTRA NOCHE

Cuánto desesperaba
ante la longitud del día,
a la espera de la hora
del amanecer de nuestra noche
iluminada por tus ojos.

Cuánto me impacientaba
ante la espera de esa hora,
e iba al río a hablar con los lirios,
y les preguntaba cuánto faltaba
para el fin de la jornada.

Ante ti
mi silencio y mi arrebato,
el estruendo de la unión,
como el fiel en la Iglesia
ante su venerado Santo.

Cuánto me preguntaba,
como creador de mis anhelos,
por el acabamiento de la obra,
por un mundo de caducidades
que ahogara mi pasión.

\* \* \* \* \*

**EN "LAS HADAS DEL GUADALQUIVIR"**
**(EN CONSTRUCCIÓN)**

## FRAGANCIAS

Mis ausencias se embebieron
en aguas de olvido y luna,
mis árboles no crecieron
bajo un cielo hundido en bruma.

Aquellas ramas raquíticas,
sorpresas aquí y allá
por míseras flores tísicas
de unas blancuras pálidas.

Ahora es tiempo de ánades
en mi estanque,
de luz y de verdemares
reflejos de unos cabellos
en las aguas espejo.

Ahora los vientos traen,
como de niño,
la fragancia de membrillos.


\* \* \* \* \*

## EL RÍO

Pero todo lo hizo.

Nadie le dio permiso
a este Wad al-kibir
para coser los desgarros
de mi infancia
con tallos de jazmín.

Nadie le dio permiso
al Gran Río
para hacer de mí
zahorí en las noches
oscuras de extravío.

Nadie le dio permiso
al Río de fango rosa
para escindir en dos
mi pobre mundo
con su espada luminosa.

Nadie le dio permiso,
pero lo hizo todo.

\* \* \* \* \*

### DESARMADO

Hay palabras que jarrean
por sobre mi piel seca
y que hacen reverdecer
abandonados jardines.

*"Desde que se fue mi Pepe*
*el huerto no se ha regao ..."*

No hay paraguas que aguante
el diluvio de tu mirada
ni abatimiento que dure
bajo el manto de tus labios.

*"... la yerbabuena no crece*
*y el perejil se ha secao."*

Un espléndido arco iris
despliega su embeleso
por bajo mis negras nubes,
allá, en el viejo pasado.

*"... que no me hagas más sufrir,*
*que ni tampoco más llorar."*

Y me veo desarmado,
sin ninguna escapatoria,
sin ganas de maldecir,
y me rindo a lo ya escrito.

¡Ay, los tangos de Pepico!

\* \* \* \* \*

## CUATRO MINUTOS

El vendaval que azota
mi hermoso jardín
acuesta las azucenas,
vacía el jazmín.


Ciclón de vientos cuchillo
que siega los arrayanes,
que guadaña los macizos,
que arrasa los viejos nidos.


Has raptado los aromas
y huyes hacia la mar
cargado con mis tesoros,
eres bandido de mi paz.


¿Querrás, mujer, ayudarme
a plantar las azucenas?
¿Querrás, gitana, secar
este dolor que se hace lágrima?

Cuatro eternos minutos
hasta oír tu sí,
cuatro eternos minutos
son un sinvivir.


\* \* \* \* \*

## ETERNIDADES

El no-tiempo habita
en lo más profundo del Betis.

Nunca Narciso buscó su imagen
en la superficie del agua,
somos tan ligeros en los juicios
como las raudas espumas
de las olas que nos bañan.

Narciso dudó ante la opción
de dejarse caer en el estanque
ante esa atroz ausencia
de momentos en su vivir,
¡dudó!

Narciso fue el primer creador
de su propia eternidad,
de nada valió el sacrificio
de Aminias, su bello efebo,
¡de nada!

La eternidad reside
en nuestro inframundo.

\* \* \* \* \*

# LA CASIDA DEL INFIERNO

Bailas muda y desnuda
sensuales bulerías
iluminada tu piel
por luz de unas bujías.

El pecado dormido
cosió el aire de tu único vestido.

De sonrisa y silencio,
mujer de sombras y ansias,
los pájaros esconden
su cabeza en las alas.

Ojos de trigo tierno
que alumbran el camino del infierno.

\* \* \* \* \*

## LAS PALABRAS

La palabra que no sale
nos roe el alma primero
y luego se ahoga en nuestro adentro,
los restos de esa palabra no dicha
contaminan a las expresadas
desde su mismo nacimiento.

Hablar, decir, para sanar,
¡se me olvida casi siempre!,
por eso sobrevivo como apariencia,
como un remedo de mí mismo,
los rencores arrasan mi futuro
desde su mismo nacimiento.

Lucas debió equivocarse
al transcribir las palabras
de aquel lejano Cristo,
pienso que lo exacto fue
*"¡perdónales, aunque sepan*
*muy bien lo que hacen!"*,
un amor sin esa corrección
es un amor devaluado.

\* \* \* \* \*

## LAS SOMBRAS DE LA LIBERTAD

Las sombras de la libertad
son alargadas,
como las de los cipreses
del claustro y de los lindes
de mi jardín,
se interponen inmisericordes
entre el firmamento
y mis macizos de flores,
entre el cielo y las rosas,
que ven detenida su belleza.

Las hadas del río
tienen que recogerse
al acostarse el sol,
en el reinado de la luna.

Mantienen algunas noches
elocuentes silencios,
que nos traen imágenes
que pretenden ser perversas,
inmersas ellas en lo profundo
del agua.

Otras noches
cepillan sus cabellos
mirando a los luceros
y nos donan sus canciones
cuyas notas flotan en la plata
del agua.


\* \* \* \* \*

## ENAMORAR AL ALBA

Crees que todos los aires
traen lobos por tu espalda
que ansían trozos de ti.

¿Quiénes te hicieron el daño
de no creer en las flores,
de no poderlas oír?

Y no las puedes oír.

Nadie curó tus heridas
y fueron tus solas manos
las que te hicieron seguir.

Campanillas cicatriz.

No veo otra salida
que enamorar al alba
y que el sol te hable de mí.

Sabes escuchar al río,
sabes leer el añil.

\* \* \* \* \*

## EL MURO

Crees que toda palabra
es hueca de natural,
que es vacía de por sí.

Te ríes de ellas.
Olvidas que se sientan
siempre en la misma silla.

En la desventura
pedimos palabras nuevas
que la puedan expresar.

Y nadie nos oye
a este lado del muro.

Sólo las hadas
nos musitan palabras
que están más allá del cielo.

Y nadie las escucha
a este lado del muro.

\* \* \* \* \*

## EL DESTINO

Un río es un destino,
así, el Tharsis es un destino.

Una oración es también un destino,
así, una *minjá* es también un destino,
cada una de sus palabras
deja al menos una impresión
que como agua perfora las piedras.

Un espacio sagrado es en sí un destino,
así, un camposanto es en sí un destino.

Nuestra pretensión sideral,
la que acongoja y martiriza nuestro espíritu,
no es más que nuestra imagen del destino.

Cada uno de nosotros
va dibujando su forma
sujeta a la soberanía
de un ignorado destino.

\* \* \* \* \*

## IMÁGENES ONÍRICAS DE BEATRIZ

Real.
Tú y yo somos reales.

La ola que muere en la orilla
es capaz de mecerme y calmarme,
es medicina para mi alma.

La ola que se arrastra y vuela a la vez
lava el dolor y el miedo atrapado en mi piel,
es capaz de ser un alivio piadoso.

Cristal y visillo bordado con espuma
que sopla, silba y susurra
sobre la gualda arena azucarada.

Me pregunto si escuchas lo mismo,
el canto de nuestras voces estrelladas,
el silencio arrullador de estas olas.

Me pregunto si paladeas lo mismo,
sabores amargos y salados a la vez,
canelas en los ribetes de nuestros labios.

Real.
Tú y yo somos reales.

\* \* \* \* \*

# LUNA

Suspiros hechos de ausencia,
sueños de cuerpo ansiado,
fogatas centelleantes
de una fragua sin trabajo.

Sueño, caballo bonito
que cabalga en la noche
tras la yegua del encuentro
con lunas plenas de amores.

Fue verte y te llamé Luna
porque azulabas mi vida,
fue verte y te llamé Luna
porque cerrabas mi herida.

\* \* \* \* \*

## HADAS

Que no existen las hadas dice la gente,

yo he oído sus voces muy claramente,

y cuando me siento entre los mimbres

yo mismo he hecho tramas y urdimbres

que ellas me enseñaron con su duende.


\* \* \* \* \*

## LLÉVAME

Condúceme hacia ti
hasta donde me permitan
las zancadas del miedo.

Deja que tu calor
recorra mi piel
entumecida de frío.

Llévame contigo
como blanco alhelí
prendido en tus rizos.

Pilota mi barquilla
en los encalladeros
con esta marea baja.

Refugia mis palabras
en brazos de las tuyas
hasta quedar dormido.

\* \* \* \* \*

## NO PLANTÉ ASTERES

No te hablé, faraona,
y me arrepiento,
de los tilos y sus sombras.

No te hablé de plantas sagradas,
y me arrepiento,
porque no vieras a la Luna con más plata.

No quise, Filiria, descubrir en ti el océano,
y me arrepiento,
por no ver al centauro a tus pechos.

No quise entrar contigo a mi lado,
y me arrepiento,
en ese mundo de dioses olvidados.

No planté asteres,
y me arrepiento,
en el jardín de nuestros quereres.

\* \* \* \* \*

EN EL PRÓLOGO Y PRESENTACIÓN DE LA "BIOGRAFÍA
ARTÍSTICA DE LA SANLUQUEÑA VICTORIA VALLEJO",
DE SERVANDO REPETTO LÓPEZ

## A VICTORIA VALLEJO

Embeleso de un ángel que taconea sobre
arenas movedizas.

Remolino de palabras cantadas que
ascienden en giros hacia la copa de las palmeras.

Torbellino de campanillas blancas
segadas en las praderas de los sentimientos.

Tu propia mirada levanta el vuelo regio
de los brazos.

La belleza acude a la llamada del giro de
las manos.

Las nubes del arrebato son densas
y oprimen nuestros alientos.

Renacemos contigo en vientos de
poniente.

\* \* \* \* \*

## LOS JILGUEROS


No anidan los jilgueros
en la soledad de los desiertos,

alguien les dijo que los halcones
sobrevuelan las dunas del dolor.

Hay noches de cielos estrellados
que traen ecos de sus lejanos trinos.


\* \* \* \* \*

## A VICTORIA VALLEJO,
## EN SU MEMORIA

Cuando a los ruiseñores les alcanzan
las tormentas del querer
suspenden sus cantos del alba
y también sus trinos del anochecer.

Consiguen, los más artistas de ellos,
mediante conciertos del desamor,
elevar a los cielos su lamento:
*"Sin mi rosa, ¿a dónde voy, Señor?"*

Se encierran en monástica clausura
dejando atrás el duelo sin proveer,
se desnudan de sus grises plumas
y esperan su final con una loca fe.

Viven en un oscuro calabozo
que no presagia trágicos desenlaces
porque es un "déjà vu" próximo,
un algo que ya les ocurrió antes.

*"Sin nuestra rosa, todos somos nadie".*

\* \* \* \* \*

**EN ALGUNOS CAJONES Y CARPETAS
DE MI ESCRITORIO**

## VIENTOS


Hay vientos y hay vendavales.


Hay vientos en el amor,

brisas de hojalata ligera,

y hay vendavales en el amor,

huracanes de pesado plomo.


Corté una recta rama de fresno

en la ribera turquesa de mi arroyo

para no caerme en los desencuentros

con los deseos desafinados de ese otro.


Restos del naufragio de los sueños

flotan en el mar de la esperanza.

Hace muchos otoños, no eché cuentas,

nació una linda hada hechicera

y Eolo y otros diosecillos adjuntos

empezaron a soplar en mi mundo.

Me gusta más la calma chicha,
momento áureo sin variaciones,
éxtasis y pasión bailan en una pista
en la que no hacen falta bastones.

Esperas disfrazadas de libertad.


\* \* \* \* \*

## A ELLA, EN SU CUMPLEAÑOS

Llegué a ti una tarde de primavera,
llevabas tu corazón en una canasta
que colgaba de tu mano izquierda,
además, unos bonitos ojos de escarcha.


Una rara libélula de alas de viento
enredada entre las varas de los juncos
de lejanos y remotos pensamientos
que te llevaban a lugares confusos.


Me costó mucho el verte sin cestillo,
"*sólo un hombre me hace sonreír,*
*ayúdame a coger unos membrillos*
*en esta linda ribera verde y zafir*".


En el otoño supe para qué los querías,
para ponerlos en tu ropero
y ahuyentar o matar a las polillas,
"*se comen todo lo que está dentro*".

Mujer libélula que sale del juncal
para ofrecerme su olor a invierno,
para preguntarme bajo tímido cendal
*"¿tardarás mucho en darme un beso?"*

Tus vuelos huelen a trinos finos,
tus labios saben a lirios del río.

\* \* \* \* \*

# EL VIEJO RELOJ

Resultaba conmovedor
ver al viejo reloj
implorar unas limosnas
en el atrio del Templo del Tiempo.

Resultaba conmovedor
verlo en el rojo ocaso
recogiendo sus manecillas
para irse a dormir un día más.

Resultaba conmovedor
verlo subir al campanario
y buscar la compañía
de la cigüeña sola en su nido.

Resultaba conmovedor
ver a ambos en silencio
pensando en puñados de arena
que se esfumaba entre sus dedos.

\* \* \* \* \*

## AGUAS

En las ausencias de tu cuerpo
llueven sobre mí aguas de abandono
que quiero recoger y guardar
por traer tus sabores,
y me hago jarra, y luego cántara,
y siendo yo tan alfeñique
me troco en enorme aljibe.

Y sé que luego tendré miedo
de decirte que te deseo
por si te ausentas de nuevo,
y sé que no iniciaré juegos
por si empiezo a oír truenos,
otra vez y de nuevo.

En las ausencias de tu cuerpo
escribo y soy cisterna,
guardo el agua y muero,
no soy alberca ni acequias
que surquen nuestro jardín pequeño
a lo largo de sus camineras,
a la sombra de sus limoneros.

* * * * *

# AQUEL PETIRROJO

*A LOS ESCOLARES DEL CEIP "MAESTRA CARIDAD RUIZ" DE LA*
*COLONIA DE LA ALGAIDA (SANLÚCAR DE BARRAMEDA)*

Vivía rodeado de estrellas,
lleno de ellas.
Vivía en el mundo de los míos,
en un jardín íntimo.

Aquel petirrojo en el alféizar
me enseñó nuevos caminos,
inexploradas sendas.

Se aposentaron en mi cabeza
imágenes de personas dadas
y tuve que desprenderme de estrellas
y dejarlas sobre la almohada.

Aquel petirrojo en el balcón
me enseñó lo que es amor,
y con él el deseo y el dolor.

Aceptar sus claroscuros
suponía evitar sufrimientos
y poder seguir persiguiendo
todos mis sueños difusos.

Aquel petirrojo de sereno trino
me enseñó a ser como soy,
luego se fue con los primeros fríos.

\* \* \* \* \*

## EL LAGO DE LOS CISNES

El deseo se viste de suspiros
y corre allende los horizontes
hacia su casa, que también es nuestra,
con su quinqué ya apagado.

Ardes con una luz trémula
en los movimientos
que me recuerdan a la bailarina
de tu cajita de música.

Como ella, te escondes de mí
cerrando su tapa
antes del acorde final,
antes de arrojarte al lago.

¡Odette! … ¡Odette!

Nuestras sombras titilantes
sobre la pared encalada
y tu piel desnuda bajo gasas
pertenecen ya a la nostalgia.

\* \* \* \* \*

# ACASO

¿Acaso tengo que subir todos los días
mi mundo a lo alto de la colina?

¿Acaso soy el hijo narcisista del viento
empeñado en que me veáis allí arriba?

¡Tú, ¿qué dices?!

Preguntáis siempre por mi nombre
y siempre descubro vuestros colores.

Siempre me desconcierta vuestra vaciedad
y siempre me turban vuestros encantos.

¡Tú, ¿qué dices?!

¿Acaso no puedo distraerme un rato
sin que mi piedra ruede hacia el valle?

¿Acaso no puedo sentir que mi cansancio
viene del llevar siempre a cuestas mi destino?

¡Tú, Sísifo, ¿qué dices?!

\* \* \* \* \*

## NOCHEVIEJA

La libertad y el miedo
son una pareja eterna.
El miedo la ama
y la sigue por los senderos
que discurren serpenteantes
entre los campos del querer y del deber.

Ya sé que tú estarás ahora
en el campo de camuesos,
apacible, natural, perfecta,
resplandeciente, delirio de la naturaleza,
viendo con tus manos de alabastro
como el rojo invade sus promesas.

No entiendes bien lo que te digo,
pero me ruegas que hable y hable
para que los demonios que viven en el silencio
no me apresen y desgarren mi espíritu.
Bajo el oleaje de tus rizados cabellos
se encuentran las tablas de la ley
y en el pozo de tus ojos mis pecados.

\* \* \* \* \*

## LUCES Y SOMBRAS

Balbuceo palabras de amor
que vuelven a mí
después de dar la vuelta
a la isla,
a veces a la mañana siguiente.

Cuando oigo o veo
lo que no pensé oír o ver
entro en un silencio expectante
lleno de latidos,
todo lo puedo y soy impotente.

¡Qué tedioso resulta el ser Dios!

Hay una luz más tensa,
más vibrante
entre la confianza y la soledad,
en las tentaciones diabólicas,
en mis diálogos con Luzbel.

¡Qué alegría la de este bello ángel!

\* \* \* \* \*

## LA PALABRA

No, no basta con sentir
una mano querida
bajo el sol en unas gradas.

No, no basta con ver
unos brazos acogedores
en una alta estatua de piedra.

No, no basta con colgar
el abrigo y y el sombrero
en los cuernos de la luna uña.

Ya puede decir lo que quiera
la sibila o el viejo del lugar,
siempre será el mismo murmujeo
de antiquísimas predicciones.

No, no basta con olfatear
perfumes de insólitos lugares
en oscuros presbiterios.

Vértigo y estremecimiento
llegan con el aleteo del espíritu
mientras voces andróginas
descienden hasta las entrañas.

El camino de la palabra
desde su alumbramiento
hasta la arena de la playa
es tormentoso y extenso.

\* \* \* \* \*

## EL SILENCIO DE ELLA

## I

Ella siempre fue así, desde el principio de su pasado, hasta donde ahora le alcanza la evocación.

Ella, la de grandes ojos azul claro, la de cabellos rubros, la de una placidez candorosa, la de una piel nevosa y rosácea familiarizada con el aire libre.

Se recuerda tumbada boca arriba en los verdes prados de la ribera del río, casi hundida en el oleaje de las margaritas, con la sensación sobre la piel desnuda de una brisa aventada por las estrelladas hojas de los álamos bajo una continua llovizna de trocitos azules de cielo.

Abrazada a su compañera ambas parecía que miraban algo fijo, en silencio, ensimismadas, juntas sus mejillas, la tibieza de sus cuerpos se transformaba en apresurado latido de sus corazones; seguramente, ambas pensaban en el futuro, en su mañana. Mas no eran tiempos de soñar con carreras o empleos y, desde luego, no había lugar para anhelar ningún hombre a su lado.

Cuando la luna, como farolillo de fiesta, ilumina la vida, cuando el cuquillo canta por primera vez, ellas ya no pueden ver sus pasados. Han izado y desplegado velas y su nave se dirige hacia los precipicios del horizonte.

¡Oh, hermosa joven!

\* \* \* \* \*

## II

Corrían tiempos para ellos y para ellas en los que sus cuerpos mezclados jugaban, brincando o deslizándose entre dos mundos, el real y el onírico.

Las voces, los gritos, a veces la miraban incontinentes, sensualmente. Oía palabras que le resultaban candentes. Quemaban.

Alcanzaba a leer en las miradas, sobre todo de ellos, algo que no le desagradaba, la codicia de la belleza.

Por eso, siempre temía que sus amigos la dejaran. Le costaba apartarlos con decisión cuando alguno o alguna introducía sus manos por debajo de la blusa.

Fue un muchacho mayor que ella, bello, estatuario, de ojos avellanos, amigo de su hermano, el que la acorraló en la fuente, a la caída de la tarde, cuando todos ya se habían ido, fue ese muchacho el que levantó la falda de su vestido, el que con una mirada dulce la hizo comprender que sus quejidos eran inútiles, que era mejor atender a los mandados de la naturaleza.

Ella no supo decirle "no", aunque era lo que sentía y hubiera querido decir, repulsión acompañada de la música de los últimos trinos de los pájaros antes de la noche.

No supo decirle a Apolo que las voces de la naturaleza pueden ser distintas para cada uno de los oyentes.

Él le prometió que el futuro se lo anticiparía susurrándoselo al oído siempre que supieran buscarse el uno al otro y encontrarse.

Ella se encontró dolorida y vacía. El navío de su adolescencia había naufragado en la bahía de la repugnancia.

Ella vio una sucesión de imágenes en las que su cuerpo-pocilga había acogido a un cerdo que en él hozaba a su antojo.

Resoplidos y gruñidos. Violencia espantosa que se prolongó por una eternidad.

Ella ha tenido que soportar que unos dedos malnacidos se hayan anillado con sus cabellos, en un gesto a caballo de la falsa ternura y la consolación.

¡Oh, Casandra!

\* \* \* \* \*

# III

Mujer de los silencios ... Ella lloraba mientras caminaba hacia casa entre las acacias de racimos rosados. Ella tenía la mirada lejana, desembocaba en el horizonte.

Ella no diría nada, pensaba que nadie la creería, siempre sería así, tenía la experiencia de que los hombres no creen en la sinceridad de las mujeres. Quería escucharse a sí misma. Lo sentía como necesidad.

Y ninguna confesión afloró ni tan siquiera en el visaje de sus labios, ninguna palabra. Ella estaba dominada por la furia y era cautiva de su voluntaria y decidida mudez.

La madreselva trepa por el muro hasta su ventana. Todo tiene el color avellana de los ojos de Apolo, hermosos y profundos, pero ella no desea de ningún modo el volverle a ver. Ella no desea ver los ojos de ningún hombre en ese trance de su animalidad, de su monstruosidad.

¡Qué pronto, qué joven, para que la vida le haya enseñado su cara oculta!

Ella ha decidido ser sacerdotisa de un culto religioso para mantener su inviolabilidad, aunque sufre tentaciones donde supone con placer que esa condición sagrada no cierra la posibilidad de mantener con otras sibilas como ella relaciones sensuales.

Ella no había nacido para convertirse en esposa y madre. Ella pensaba que ya iba siendo hora de que las mujeres se apoderaran del lenguaje por sí mismas, que tomaran en sus manos con orgullo las riendas de sus propias vidas.

¡Oh, Casandra!

\* \* \* \* \*

## IV

Ella se llenaba de imágenes de sus compañeras paseando por la residencia al paso cadencioso y voluptuoso propio de las ninfas. Todas con sus *quitones* cortos o largos según la estación del año. A ella le resultaba fácil saber quien iba desnuda bajo ellos. En épocas frías alguna de ellas llevaba encima el *himatión* simplemente envolvente de su figura.

Todavía estaba lejos de nacer Safo, pero ella ya intuía los estados que la llevarían a la belleza y al rompimiento, los podía ver. Ella, al compás de la vibración de la luz roja de las llamas de la chimenea en su cuarto, sentía que sus pensamientos centelleaban como la madera que ardía, que se elevaban y, luego, caían en un calcinado desorden.

La estatua de ojos avellana siempre estaba por los alrededores del templo, o a ella así se lo parecía. Ora suplicaba, ora imprecaba, siempre a gritos. *"¡Maldita ... maldita mil veces ... si no sabes escuchar, no pretendas que nadie te escuche!".*

A ella de nada le vale refugiarse en la naos. Hasta allí la persiguen aquellas voces y este miedo.

A pesar de este acoso prolongado, ella lo que siempre ha querido es romper con los símbolos antiguos, los heredados, los aprendidos de sus mayores. Ser mujer no tiene por qué consistir en ser una muñeca acicalada y perfumada, siempre a disposición del marido, ni ser una obligada paridora, ni ser una asesina de sí misma, auto-devastándose día tras día.

Ella era como casi todas las sacerdotisas, que soñaban con sumergirse y bañarse en la miradas de otras, con escribirse papelitos que les quitarían el sueño, desvelando deseos, encendiéndolas, impacientándolas para acudir a la extinción de sus fuegos, haciéndoles fijar la vista en los relojes de arena, que señalarían el inicio de sus agonías.

Todo prohibido, todo deseado. El bien y el mal.

¡Oh, Casandra!

⁂ ⁂ ⁂ ⁂ ⁂

# V

Ella era la princesa que, convenientemente escoltada por cuatro pitonisas, se presentaba en palacio y en el ágora para anunciar que el rapto de una hermosa mujer casada por parte de su hermano y la construcción de un gran caballo de madera en la playa traerían funestas consecuencias para la ciudad.

Ella era la loba, de pelaje blanco como la nieve y ojos azules como el cielo, que aullaba todas las noches por los adarves y matacanes de las murallas exteriores de la ciudad. Ella vaticinaba así la destrucción y la muerte.

Ella veía el inicio de un tiempo en que el destino le impediría gozar enteramente de la vida. Al inicio de las noches se sentía alarmada y estremecida, sólo se tranquilizaba cuando faltaba ya poco para el amanecer. Después de mucho amor, todas ellas se olvidaban de los vientos que corrían y se quedaban dormidas las unas en los brazos de las otras.

Amores prohibidos, reprimidos por el orden social, secretos, silenciosos, presididos por la alternancia de la dicha de la *tryphé*, el placer y la libertad, y la aflicción de las fingidas separaciones disfrazando al "monstruo", la farisea pena de una distancia que se comparte con mutua complicidad.

Palpitaciones en las sienes, las ventanas totalmente abiertas y las cortinas descorridas, dos cuerpos desnudos tendidos sobre sábanas de seda, la vista sobre el mar aporta a sus espíritus tintes en toda la gama de verdes y azules, unos potrillos galopan por la playa con sus crines al viento jugando a asustar a los correlimos que saltan y revolotean quitándose del eje de su carrera.

Una y otra vez llamaradas de rojo vivo. Una y otra vea las sagradas danzas de los cuerpos enteramente libres.

Ella, entonces, soñaba con enormes pavos reales, petulantes, que siempre eran vencidos por unos pequeños pájaros provenientes de otros mundos. ¡Rayos de sol capaces de taladrar en los días grises el espeso tejido de los nubarrones!

Ella cada vez se sentía más fuerte, en ocasiones ilimitada, Ella cada día hablaba menos, nadie la creía, pensaba que la preferían silenciosa.

Y, como ella predijo, la guerra entró en la ciudad sigilosamente, de manera serpentina, a través de los quicios de sus puertas.

Ahora que su amargura parecía que había empezado a desteñirse.

¡Oh, Casandra!

\* \* \* \* \*

## VI

Ella, la princesa hitita, nunca había navegado. Ella querría ser el timonel para poner la proa mirando hacia las soñadas tierras de las amazonas.

Los delfines escriben versos de amor sobre las aguas para contentar a su dueño y señor. Ella, con frecuencia, les arroja papelitos donde escribe jaculatorias a Poseidón, solicitándole su amparo y auxilio.

Ella, hoy, querría estar a solas con el mar, pero con un mar violento como este que ha mandado Atenea, dejándose llevar por él.

Ella era, ahora, un botín, una parte de él, un premio a la victoria para el tenebroso caudillo griego Agamenón, el que ha de morir a manos familiares cuando llegue a su destino, es algo que ve claramente.

Ella está dolorida y agotada, ebria de sueño e insomne. Durante un tiempo interminable su cuerpo ha sido un lugar de paso de la soldadesca, aun en el templo, hasta que alguien la reconoció y se la llevó al campamento griego.

Ella eligió el aparentar estar muerta, porque de otra manera habría muerto de verdad.

Ella está aprendiendo a gestionar cuerpo y mente como espacios de su ser totalmente independientes. Procura no razonar sobre nada porque el pensamiento es un agente cáustico que corroe la esperanza.

Ella permanece siempre en silencio. Su silencio es poder, porque es un silencio que grita lo que no se quiere decir, o lo que no puede o no debe decir aquello que calla.

Ella será voz y palabra cuando los que la escuchen acepten otras formas de ser y estar. Sus silencios serán siempre, no solo acústicos sino simbólicos. A ella nadie la ordenará callar.

¡Oh, Casandra!

* * * * *

## VII

Ella ahora está bien, en palacio, recuperándose. Sabe que no volverá a ver a Agamenón, su vaticinio se ha cumplido. Nunca ha temido por su vida. Piensa que todo, absolutamente todo, tiene que volver a empezar. Un gran vendaval sacudió la tierra toda y después volvió a salir el sol. Alguien de entre sus mayores dijo que el paraíso siempre está a la sombra de las espadas.

Ella contempla las fuentes y floreros, llenos de frescas flores blancas de acacia y de tilo, de su habitación, la que se ha dignado concederle la reina viuda, Clitemnestra. Comen a diario juntas y le habla y le habla, son sus palabras las primeras después de todo un universo silente y ella ha empezado a derramar palabras de agradecimiento y de sueños por cumplir.

Le dice la reina: *"No soy como Penélope que teje y desteje en esta absurda espera"*; también le dice: *"las mujeres deberíamos tener nuestros propios deseos, y no los que impone el canon del macho, que es siempre la misma música aburrida y aborrecible"*; también le dice: *"No vuelvas a la tierra de donde vienes, allí sólo habita para ti el dolor"*.

Ella se siente identificada con la reina, la siente próxima, es una mujer valerosa, fuerte y decidida, y lo contagia de alguna manera. No le importaría nada, es más, le gustaría que la pudiera acompañar en su búsqueda de los pradales soñados, preñados del blanco y amarillo de las chiribitas en primavera, y del blanco y azul de los cólquicos en otoño. *"Ya no puedo, se me ha olvidado el cómo se escucha al corazón, pero te envidio"*, le ha dicho.

¡Siempre se puede! Siempre podemos volver al Paraíso Terrenal, de donde nadie nos expulsó, sino que fuimos nosotros mismos los que nos exiliamos, y seguimos haciéndolo todos los días.

Ella espera todos los días que empiece a caer la tarde, que es cuando llega Anuket, la joven esclava egipcia del color del cobre, la de risa angélica, la de manos, brazos y senos relucientes, la que desata sus cabellos y los empapa en baño aromático mientras le canta canciones dulces desconocidas, la que la baña y le da masaje antes de la cena, la que entra en su cama y se tiende junto a ella mientras la protege abrazándola por la cintura, la que pasa toda la noche con ella, la que comparte con ella los miedos y las esperanzas, la que le seca las lágrimas apenas nacidas en sus ojos. *"Deseo que me hagas tuya y deseo que me permitas hacerte mía"* le pareció oír a su lado en susurros una noche, a hora muy avanzada.

Ella puede ver en sus sueños islas de manto azul, coronadas con aureolas de aguas verdosas en sus contornos.

Ella puede leer en sus visiones las palabras que muchos años después, muchísimos, escribirá Yannis Ritsos, el poeta griego, *"Nos subimos a las alas de las golondrinas y fuimos a cortar flores en el cielo"*.

¡Oh, Casandra!

* * * * *

## y VIII

Ella sale de noche de Micenas hacia Nauplia, hacia el mar de nuevo, para embarcar, con una generosa bolsa de monedas y acompañada de tres siervos de confianza, que la sororidad de Clitemnestra ha puesto a su disposición (*"Quien pudiera irse contigo"* —la ha besado—), en busca de la isla que ve en sueños. Allí donde las chicas visten con una túnica de seda que acoge dulcemente sus pechos y que deja sus piernas desnudas hasta bien iniciados los muslos. Allí donde en los verdes prados de las fuentes componen poemas y se los leen en voz alta. Allí donde en las tardes danzan cogidas de la mano, desnudas tras dejar resbalar sus vestidos.

¡Cálidos estremecimientos humanos!

> *"Otra vez me sacude el Eros que afloja*
> *los miembros,*
> *agridulce, indomable, animal oscuro."*

¡Oh, Casandra! ¡La zarandeada por los vientos!

\* \* \* \* \*

## SELENE

La mágica luna se enfada,

               periódicamente,

con todos nosotros,

le quitamos la luz del sol,

                  eso sostiene.


Pero eso es destino,

              aunque no lo entiende.


La bailaora también se enfada,

               periódicamente,

con su pareja de baile,

la hace sentirse pequeña,

                  eso sostiene.


Pero eso no es destino,

           aunque tampoco lo entiende.

*"Conmigo ya no brillarás más"*,

es lo que quiere,

y cree que apaga otras luces

con la llave de una ingenuidad

latente.


Otro naufragio en las aguas del miedo,

dulce Selene.

. . . . . . . . . .

Aun quisiste talar el solitario cerezo

que hermosea tu desabrigada colina

en los atardeceres.


\* \* \* \* \*

## DE VEZ EN CUANDO

Ayer volé de nuevo a los infiernos,
a mis infiernos,
a ese lugar recóndito y tenebroso
donde los negros nubarrones
construyen cúpulas de tempestad
y sufrimiento.

No me preguntéis por qué.
No todo es lo que aparenta ser.
No.

Llegué en mi docto pavo real
de alas y cabeza de alimoche,
amarilla esfinge parlanchina,
celoso aspirante a curandero
con cola precursora de deseos,
media luna de seda y soberbia.

¡Aaaiooó!,
El infierno no es lo que aparenta ser.
No.

El averno es esperanza,

es el azar en duelo con la eternidad,

es el soñado placer del deseo

de que, entrando por la linterna

desde una grieta en los cielos,

un rayo de sol impregne el abismo.


No me preguntéis para qué.

No todo es lo que aparenta ser.

No.


\* \* \* \* \*

# ÍNDICE